365

Momente voller

Sonnenschein

9783649617693

D1652117

COPPENRATH

365

Momente voller

Sonnenschein

COPPENRATH

ISBN 978-3-649-61769-3
© 2014 Coppenrath Verlag GmbH & Co. KG,
Hafenweg 30, 48155 Münster, Germany
Textsatz und grafische Gestaltung: Christian Averbeck
Redaktion: Daniela Kuhlmann
Fotografien: Picture Alliance

Printed in China

www.coppenrath.de

Vormittag am Strand

Es war ein solcher Vormittag,
wo man die Fische singen hörte;
kein Lüftchen lief, kein Stimmchen störte,
kein Wellchen wölbte sich zum Schlag.

Nur sie, die Fische, brachen leis
der weit und breiten Stille Siegel
und sangen millionenweis
dicht unter dem durchsonnten Spiegel.

CHRISTIAN MORGENSTERN

Was ich dir wünsche: Glück!

AUS CHINA

Schlag deine Augen auf im Sonnenschein,
lass allen Glanz der Welt tief in dich ein,
bis ganz dein Herz davon durchleuchtet ist,
und selber du ein Stücklein Sonne bist,
das aus sich selber wärmend widerstrahlt,
und auch noch trübe Tage goldig malt.

VOLKSGUT

Entweder man findet einen Weg,
oder man schafft einen Weg.

SPRICHWORT

Im Januar

... fröhlich sein

An einem schönen Tag im Schatten
zu sitzen und ins Grüne zu sehen
ist die schönste Erfrischung.

JANE AUSTEN

Das höchste Gut ist die
Harmonie der Seele
mit sich selbst.

LUCIUS ANNAEUS SENECA

Wer an der Küste bleibt,
kann keine neuen Ozeane entdecken.

FERDINAND MAGELLAN

Sei, was du bist, deine wahre Natur ist Kraft.

SWAMI VIVEKÂNANDA

Genau in dem Moment,
als die Raupe dachte, die Welt geht unter,
wurde sie zum Schmetterling.

ANONYM

Man muss den Schlüssel finden,
der alle Himmelstore, alle Gärten
der *Verzückung* öffnet.
Und dieser Schlüssel ist deine *Intuition*.

JIDDU KRISHNAMURTI

Hinter jedem Winter steckt ein zitternder Frühling und hinter dem Schleier jeder Nacht verbirgt sich ein lächelnder Morgen.

KHALIL GIBRAN

Wer im Licht wandert,
stolpert nicht.

AUS TOGO

Gib jedem Tag die Chance,
der schönste deines Lebens zu werden.

MARK TWAIN

Ich wünsche dir,
dass es in deinem Leben keine
verschenkten Tage gibt, aber viele,
die du anderen schenkst.

IRISCHER SEGENSWUNSCH

Aus der Pflege
glücklicher Gedanken und
Gewohnheiten entsteht auch
ein glückliches Leben.

NORMAN VINCENT PEALE

Die Pflege positiver Gedanken ist der Antrieb
für die Reise auf die Sonnenseite.
Ein klares Ziel und ein starker Wille lassen uns
auch große Hindernisse überwinden.

ANONYM

Begeisterung ist ein gutes Sprungbrett zu schönen Erfolgen.

ANONYM

Nicht im Glück liegt die Freude,
sondern in der Freude liegt das Glück.

AUS RUSSLAND

Ich wünsche dir
einen breiten Weg und
ganz wenig Steine nur.

AUS POLEN

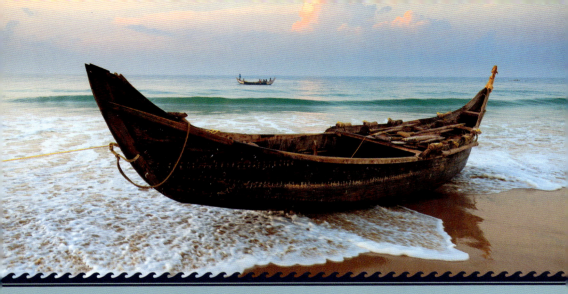

Die Falten im Gesicht eines Menschen
sollten nur vom Lachen herrühren.

MARK TWAIN

Weißt du, worin der Spaß des Lebens liegt?
Sei lustig! – Geht das nicht, so sei vergnügt.

JOHANN WOLFGANG VON GOETHE

Wer sich abhetzt,
wird nie Vollkommenheit erlangen.
Dazu gehören Ruhe und Stille,
die alle Erwartungen erfüllt.

AUS CHINA

Bezeichne dich nicht als arm, wenn deine Träume nicht in Erfüllung gegangen sind. Wirklich arm ist doch nur der, der nie geträumt hat.

MARIE VON EBNER-ESCHENBACH

Liebe den Augenblick,
und die Kraft dieses Augenblicks
wird alle Grenzen sprengen.

CORITA KENT

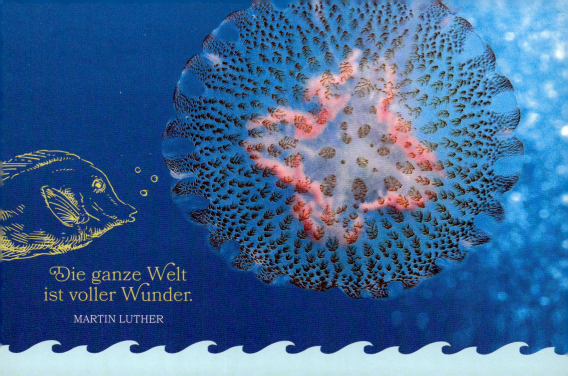

Die ganze Welt
ist voller Wunder.

MARTIN LUTHER

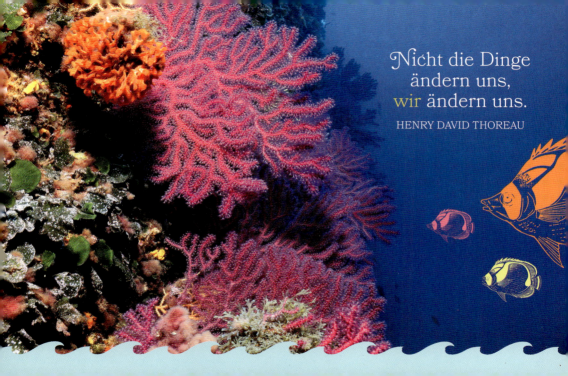

Nicht die Dinge
ändern uns,
wir ändern uns.

HENRY DAVID THOREAU

Die Freude
und das Lächeln
sind der Sommer
des Lebens.

JEAN PAUL

Wir müssen von Zeit zu Zeit
eine Rast einlegen und warten,
bis unsere Seelen uns wieder
eingeholt haben.

INDIANISCHE WEISHEIT

Lass das Steuer los.
Trudele durch die Welt.
Sie ist so schön; gib dich ihr hin,
sie wird sich dir geben.

KURT TUCHOLSKY

Tu etwas Gutes, wo immer du bist.
Es sind die Kleinigkeiten, die zusammen die Welt verändern.

DESMOND TUTU

Am schönsten ist eine Entdeckung,
an der man jahrelang vorbei gegangen ist.

SIGISMUND VON RADECKI

Glück ist das Einzige,
was wir anderen geben können,
ohne es selbst zu haben.

CARMEN SYLVA

Große Freude
hat selten große Worte.

ADOLF VON WILBRANDT

Kein Weg ist zu lang für den,
der langsam und ohne Eile vorwärtsschreitet;
kein Ziel ist zu fern für den, der sich
mit Geduld rüstet.

JEAN DE LA BRUYÈRE

Eine Weltkarte, die das Land Utopia
nicht enthielte, verdiente diesen Namen nicht,
denn ihr fehlte das einzige Land,
in dem die Menschheit immer landet.

OSCAR WILDE

Der ist glücklich genug,
der keine Zeit hat,
unglücklich zu sein.

ANONYM

Der Mensch,
der sich nach etwas sehnt,
träumt davon, es zu genießen.

ANTONIOS MATESIS

Lass dich auf die Freude ein. Streck die Hände aus
und greif zu, wenn sie vorbeiläuft.

CARL AUGUST SANDBURG

Sei vergnügt bis um 10 Uhr morgens.
Der Rest des Tages wird dann wie von selber laufen.

ELBERT G. HUBBARD

Der eigentliche Kern der Freundschaft:
ein Glaube, ein Hoffen, ein gemeinsames Werk!
Es liegt eine große Freude darin.

ANNETTE VON DROSTE-HÜLSHOFF

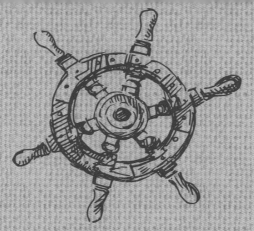

Der Pessimist klagt über den Wind,
der Optimist hofft, dass der Wind sich dreht,
und der Realist hisst die Segel.

WILLIAM ARTHUR WARD

Man muss aus den Fußstapfen
der Vorgänger heraustreten,
um eigene Spuren zu hinterlassen.

ANONYM

Glücklich sein
und andere glücklich
machen, sonst hast du
auf Erden nichts zu tun.

PETER ROSEGGER

Das Universum wird dir seine Schönheit offenbaren,
und jeder Augenblick deines Lebens wird wie der erste
Sonnenstrahl am Morgen sein.

INDIANISCHE WEISHEIT

Pläne machen und Vorsätze fassen
bringt viele gute Empfindungen mit sich.

FRIEDRICH NIETZSCHE

Der Heiterkeit sollen wir,
wann immer sie sich einstellt,
Tür und Tor öffnen, denn sie kommt
nie zur unrechten Zeit.

ARTHUR SCHOPENHAUER

Wir alle sind Reisende in
der Wildnis dieser Welt.
Das Beste, was wir auf unseren Reisen
finden können, ist ein Freund.

ROBERT LOUIS STEVENSON

Tue das, wodurch
du würdig bist,
glücklich zu sein.

IMMANUEL KANT

Träume sind aus Wünschen gewebt.

AUS BRASILIEN

Solange ein Vogel seine Federn hat, fliegt er.

VOLTAIRE

Wenn es einen Glauben gibt, der Berge versetzen kann,
so ist es der Glaube an die eigene Kraft.

MARIE VON EBNER-ESCHENBACH

Schau, von allen Blütenbäumen
woget süßer, süßer Duft.
Und in allen Himmelsräumen
woget laue, laue Luft.

OTTO FRIEDRICH GRUPPE

*Je weniger Dinge man auf Erden
wichtig nimmt, desto näher kommt man den
wirklich wichtigen Dingen.*

FEDERICO GARCÍA LORCA

Die Zukunft ist voller Aufgaben und Hoffnungen.

NATHANIEL HAWTHORNE

Wer sich nach Licht sehnt, ist nicht lichtlos,
denn die Sehnsucht ist schon Licht.

BETTINA VON ARNIM

Goldene Abendsonne,
wie bist du so schön,
nie kann ohne Wonne
deinen Glanz ich sehn.

ANNA BARBARA URNER

Wer sein Glück
nicht sucht,
der versäumt es.

SPRICHWORT

Warum gewährt der Anblick des Meeres
ein so unendliches und ewiges Entzücken?
Weil das Meer gleichzeitig die Vorstellung der
Unermesslichkeit und der Bewegung erweckt.

CHARLES BAUDELAIRE

Nun lass den Sommer gehen,
lass Sturm und Winde wehen.
Bleibt diese Rose mein,
wie könnt ich traurig sein?

JOSEPH VON EICHENDORFF

Nimm dir täglich Zeit,
still dazusitzen und zu lauschen.

SIDDHARTHA GAUTAMA BUDDHA

Denke immer daran, dass es nur eine wichtige Zeit gibt:
Heute. Hier. Jetzt.

LEO N. TOLSTOI

Im

... neue Kraft schöpfen

Dezember

Zu viel des Guten kann wundervoll sein.

MAE WEST

Lebensfreude ist die beste Kosmetik.

ANONYM

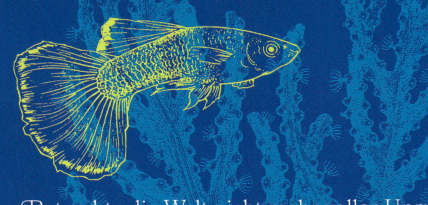

Betrachte die Welt nicht mehr voller Unruhe.
Dann strahlt das Licht des Tages aus deinen Augen.
Sie sind der Spiegel der Welt.

INDIANISCHE WEISHEIT

Mische Tun und Nichtstun
und du verbringst dein Leben
in Fröhlichkeit!

AUS RUSSLAND

... die Welt auf den Kopf stellen

Im Februar

Kein Leben ist so schwer,
dass du es nicht durch die Art,
wie du es nimmst,
leichter machen kannst.

ELLEN GLASGOW

Fröhlichkeit des Geistes ist ein Zeichen seiner Stärke.

RALPH WALDO EMERSON

Man braucht im Leben nicht nur Geld allein,
man braucht auch Liebe, Freude, Glück –
von allem wünsche ich dir ein Stück!

FRANÇOIS RABELAIS

*Jeder angenehme Augenblick
hat Wert für mich –
Glückseligkeit besteht nur in Augenblicken.
Ich wurde glücklich, da ich das lernte.*

CAROLINE SCHELLING

Nimm dir die Zeit, die stillen Wunder zu feiern,
die in der lauten Welt keine Bewunderer haben.

IRISCHER SEGENSWUNSCH

Freude ist das Leben durch einen Sonnenstrahl gesehen.

CARMEN SYLVA

Der Himmel hat den Menschen
als Gegengewicht gegen die vielen
Mühseligkeiten des Lebens drei Dinge gegeben:
die Hoffnung, den Schlaf und das Lachen.

IMMANUEL KANT

Ein bisschen
Freundschaft ist
mir mehr wert als
die Bewunderung
der ganzen Welt.

OTTO VON BISMARCK

Herzensfreude macht ein schönes Gesicht.

AUS ENGLAND

Das Leben ist eine Chance, nutze sie.
Das Leben ist Schönheit, bewundere sie.
Das Leben ist Seligkeit, genieße sie.

MUTTER TERESA

In einem guten Gedanken ist Gutes für alle Menschen.

INDIANISCHE WEISHEIT

Des Lebens
Sonnenschein
ist Singen und
Fröhlichsein.

VOLKSMUND

Nach meiner Lieblingsdefinition
ist derjenige ein Optimist, der die Wolken nicht sieht,
weil er auf ihnen spazieren geht.

GERALD G. JAMPOLSKY

Kurvig sei dein Weg,
aber nicht verschlungen.
Erhaben deine Ziele,
aber nicht überheblich.
Lang sei dein Leben,
aber nie langweilig.

POESIEALBUMSPRUCH

Fröhlich sein, Gutes tun – und die Spatzen pfeifen lassen!

DON BOSCO

*Vollständige Sorglosigkeit
und eine unerschütterliche Zuversicht
sind das Wesentliche
eines glücklichen Lebens.*

LUCIUS ANNAEUS SENECA

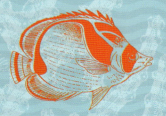

In allen Dingen der Natur
gibt es etwas Wunderbares.

ARISTOTELES

Das Leben ist ein Buch,
in dem die Hoffnung auf jedes Blatt einen Wunsch
für uns geschrieben hat.

SPRICHWORT

Nur wenn du deinen tiefsten Instinkten folgst,
kannst du ein reichhaltiges Leben führen.

KATHARINE BUTLER HATHAWAY

Das Universum kann man weder erklären noch begreifen,
nur anschauen und offenbaren.

FRIEDRICH SCHLEGEL

Erhelle das Morgen
mit dem Heute.

ELIZABETH BARRETT BROWNING

Humor ist eine
wundervolle Sache, die dir hilft,
den Narren in dir zu erkennen,
und dir gleichzeitig zeigt,
wie wunderbar dieser ist.

LYNDA BARRY

Die Freude steckt nicht in den Dingen,
sondern im Innersten unserer Seele.

THÉRÈSE VON LISIEUX

Nicht Freude suche ich, sondern Seligkeit.

CARL HILTY

Finde dich, sei dir selber treu,
lerne dich verstehen, folge deiner Stimme;
nur so kannst du das Höchste erreichen.

BETTINA VON ARNIM

Humor ist keine Gabe des Geistes,
er ist eine Gabe des Herzens.

LUDWIG BÖRNE

In der vollkommenen Stille
hört man die ganze Welt.

KURT TUCHOLSKY

Das Glück des Lebens
besteht nicht darin, wenig oder keine
Schwierigkeiten zu haben,
sondern sie alle siegreich und
glorreich zu überwinden.

CARL HILTY

Optimismus ist der Glaube an Erfolg.
Nichts gelingt ohne Hoffnung und Zuversicht.

HELEN KELLER

Wo Menschen sich freuen, freue dich mit.

AUS JAPAN

Die Kraft, zu lieben,
die Gesundheit, sich, das Leben,
Freundschaft und den Geist zu genießen
und zu erwidern, ist der Zauber,
der alles bezwingt.

LUDWIG TIECK

Das Leben ist bezaubernd, man muss es nur durch die richtige Brille sehen.

ALEXANDRE DUMAS

Frohsinn
ist Gesundheit.

AUS CHINA

Die Dinge im Leben entwickeln sich erstens
ein wenig zufällig, zweitens
ein wenig, weil man möchte, dass sie
sich so entwickeln, und dann steckt da noch drittens
ein bisschen Schicksal dahinter.

CARLO DE BENEDETTI

Wenn du dein Heute fest in die Hände nimmst,
wirst du vom Morgen weniger abhängig sein.

LUCIUS ANNAEUS SENECA

Nimm an, was nützlich ist, lass weg, was unnütz ist,
und füge hinzu, was dein Eigenes ist.

BRUCE LEE

Jedes Leben ist eine Enzyklopädie,
eine Bibliothek, ein Inventar von Objekten,
eine Musterkollektion von Stilen,
worin alles jederzeit auf jede mögliche Weise neu
gemischt und neu geordnet werden kann.

ITALO CALVINO

Man darf nicht verlernen,
die Welt mit den *Augen* eines Kindes zu sehen.

HENRI MATISSE

Fange jetzt an zu leben und zähle jeden Tag
als ein Leben für sich.

LUCIUS ANNAEUS SENECA

Das Glück ist wie ein Schmetterling:
Wenn wir es jagen, vermögen wir es nicht zu fangen,
aber wenn wir ganz ruhig innehalten,
dann lässt es sich auf uns nieder.

NATHANIEL HAWTHORNE

Das Lachen sollte aus dem Herzen kommen,
das Lächeln aus der Seele sein.

MARIA-THERESIA RADLOFF

Die Natur
ist die Führerin des Lebens.

MARCUS TULLIUS CICERO

Man kann aus zwei verschiedenen Richtungen
an einen neuen Tag herangehen, von der Sorge
oder von der Begeisterung her.

NORMAN VINCENT PEALE

Manchmal stehe ich auf der Straße
und erwische mich beim Grinsen.
Einfach so.

WOLKE HEGENBARTH

Achte auf die Stille und bewahre sie,
denn sie birgt alle Träume des Menschen.

INDIANISCHE WEISHEIT

Versuch's und übertreib's einmal,
gleich ist die Welt von dir entzückt.
Das Grenzenlose heißt genial,
wär's auch nur grenzenlos verrückt.

PAUL VON HEYSE

Wende dein Gesicht immer der *Sonne* zu,
dann fallen die Schatten hinter dich.

AUS THAILAND

Man entdeckt keine Erdteile ohne den Mut,
alle Küsten aus dem Auge zu verlieren.

ANDRÉ GIDE

Glück ist für mich die Freude am eigenen Leben.
Und zwar auf lange Sicht. Je lieber jemand so lebt,
wie er lebt, desto glücklicher ist er.

RUUT VEENHOVEN

Der beste Weg,
sich selbst eine Freude
zu machen, ist: zu versuchen,
einem anderen eine Freude
zu bereiten.

MARK TWAIN

Das Lächeln, das du aussendest, kehrt zu dir zurück.

AUS INDIEN

Glück
entsteht oft durch Aufmerksamkeit in kleinen Dingen,
Unglück
oft durch die Vernachlässigung kleiner Dinge.

WILHELM BUSCH

Die besten Freuden im Leben
kommen nicht von außen, sondern aus dem
Bewusstsein unseres Wertes und dessen,
was wir für andere sind.

CLARA BLÜTHGEN

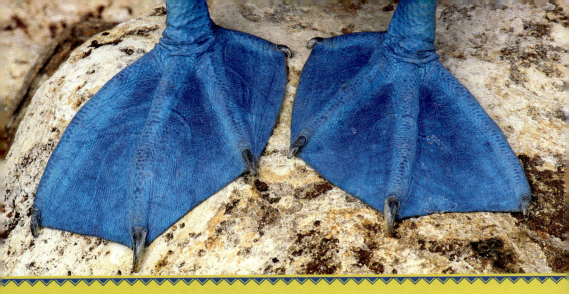

Das Glück besteht darin, zu leben wie alle Welt
und doch wie kein anderer zu sein.

SIMONE DE BEAUVOIR

Großzügigkeit ist das Wesen der Freundschaft.

OSCAR WILDE

Das Bewusstsein eines erfüllten Lebens
und die Erinnerung an viele gute Stunden
sind das größte Glück auf Erden.

MARCUS TULLIUS CICERO

Im
November

... sich etwas Gutes tun

Hundert kleine Freuden
sind tausendmal mehr wert als eine große.

PAUL WILHELM VON KEPPLER

Um ein anderes Wesen zu verstehen, musst du in ihm leben,
bis in seine Träume hinein.

INDIANISCHE WEISHEIT

Im Marz

... das Leben genießen

Sei du selbst
die Veränderung, die du dir
wünschst von dieser Welt.

MAHATMA GANDHI

Immer sind Inseln
Orte der Sehnsucht.

ANONYM

Die schönsten, angenehmsten Tage sind nicht die,
an denen großartige, aufregende Dinge passieren,
sondern die mit den einfachen, netten Augenblicken,
die sich aneinanderreihen wie
Perlen auf einer Schnur.

LUCY MAUD MONTGOMERY

Ein großer Gedanke kennt keine Grenzen.

LEO N. TOLSTOI

Die wirkliche Entdeckungsreise
ist nicht, neue Länder zu entdecken,
sondern mit neuen Augen zu sehen.

MARCEL PROUST

Wie Samen, die unter der Schneedecke träumen,
träumen eure Herzen vom Frühling.
Vertraut diesen Träumen, denn in ihnen verbirgt sich
das Tor zur Unendlichkeit.

KHALIL GIBRAN

Man muss die kleinen
Freuden aufpicken.

THEODOR FONTANE

Nichts bringt uns auf unserem Weg besser voran
als eine Pause.

ELIZABETH BARRETT BROWNING

Mit den Gedanken ist es wie mit Melodien,
es gibt die kurzen und die langen, schönen.
Die besten aber sind wie Kugelblitze und
enthalten die Welt im Ganzen.

HUGO VON HOFMANNSTHAL

Das Geheimnis
des Glücks ist Freude
in unseren Händen.

RALPH WALDO EMERSON

Der eine wartet, dass die Zeit sich wandelt.
Der andere packt sie kräftig an – und handelt.

MUTTER TERESA

Bleibe ruhig!
Dann wird diese herrliche, bewegende,
strömende Welt in dich sich ergießen,
weil sie selbst, diese Rastlose,
ja einen Hafen der Ruhe sucht.

PETER ALTENBERG

Ein Lächeln ist ein Licht,
das Leben und Hoffnung
sichtbar macht.

THÉRÈSE VON LISIEUX

Nimm dir Zeit, um zu träumen; das ist der Weg zu den Sternen.

IRISCHER SEGENSWUNSCH

Glück ist ein Wunderding.
Je mehr man gibt, desto mehr hat man.

MADAME DE STAËL

Die Welt gehört dem, der in ihr mit Heiterkeit
nach hohen Zielen wandert.

RALPH WALDO EMERSON

Was du weckst,
das weckt dich wieder.

BETTINA VON ARNIM

Und wenn ihr euch
das Staunen erhalten könntet
über die täglichen Wunder eures Lebens,
so wäre euer Schmerz nicht weniger erstaunlich
als eure Freude. Denn dann würdet ihr die vier
Jahreszeiten eures Herzens so annehmen,
wie ihr die Jahreszeiten annehmt,
die über eure Felder ziehen.

KHALIL GIBRAN

Nimm dir jeden Tag dreißig Minuten für deine Sorgen –
und mache in der Zeit ein Nickerchen.

ABRAHAM LINCOLN

Ich habe den Wolken drei gute Wünsche für dich mitgegeben:
die Weite des Meeres, die Klarheit des Windes
und jede Menge Sonnenschein.

POESIEALBUMSPRUCH

Man sollte alle Tage wenigstens
ein kleines Lied hören, ein gutes Gedicht lesen,
ein treffliches Gemälde sehen und, wenn es
möglich zu machen wäre,
einige vernünftige Worte sprechen.

JOHANN WOLFGANG VON GOETHE

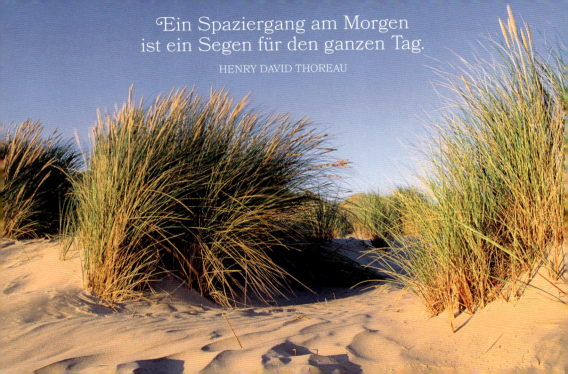

Ein Spaziergang am Morgen
ist ein Segen für den ganzen Tag.

HENRY DAVID THOREAU

Glaube an deine eigenen Gedanken.

RALPH WALDO EMERSON

Möge das Jahr dich mit seinen Geschenken beglücken: mit den Veilchen des Frühlings, mit dem Bienensummen des Sommers und den rotwangigen Äpfeln des Herbstes. Der Winter schenke dir die Früchte der Stille für die Seele. Möge der Mond dir durch sein Licht bekunden, dass nach mageren wieder volle Tage kommen.

IRISCHER SEGENSWUNSCH

Nach dem Sternenhimmel ist das größte und schönste, das Gott geschaffen hat, das *Meer.*

ADALBERT STIFTER

Die Zeit liegt immer vor uns.

AUS FINNLAND

Aufgabe des Lebens,
seine Bestimmung, ist Freude.
Freue dich über den Himmel,
über die Sonne, über die Sterne,
über Gras und Bäume, über die Tiere
und die Menschen.

LEO N. TOLSTOI

Ich wünsche dir,
dass dich das Leben lehrt,
dir selbst ein guter
Freund zu sein.

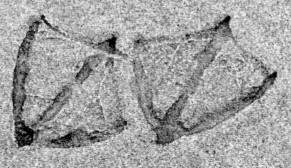

Vielleicht ist das Lachen eine der größten Erfindungen Gottes.

EPHRAIM KISHON

Die Menschen sollen einander bei den Händen fassen
und nicht nur gut sein, sondern auch froh.
Die Freude ist der Sommer, der die inneren Früchte färbt.

JEAN PAUL

Ein fröhliches Herz lebt am längsten.

WILLIAM SHAKESPEARE

Die größte Sehenswürdigkeit ist die Welt – sieh sie dir an!

KURT TUCHOLSKY

Das Leben ist eine Bergwiese,
voll von schönen Blumen und von Kuhfladen.
Glück oder Unglück ist nur die Frage,
was man mehr anschaut.

PHILIP ROSENTHAL

Alles ist gut, was aus den Händen der Natur kommt.

JOHANN WOLFGANG VON GOETHE

Wer den Tag mit Lachen beginnt, hat ihn bereits gewonnen.

MARCUS TULLIUS CICERO

Wir sollten viel öfter von ganzem Herzen tun,
was kein Ziel verfolgt, keine Eile hat und sich
nicht lohnen muss.

ANONYM

Lachen und Lächeln
sind Tor und Pforte,
durch die viel Gutes in den
Menschen hineinhuschen kann.

CHRISTIAN MORGENSTERN

Des Menschen Engel ist die Zeit.

FRIEDRICH VON SCHILLER

Sei heiter und vergnügt und nimm teil
an der Freude der anderen.
Dabei fällt dann immer auch etwas
eigene Freude ab.

THEODOR FONTANE

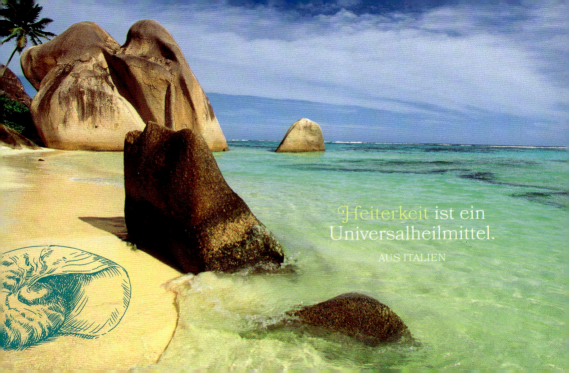

Heiterkeit ist ein
Universalheilmittel.

AUS ITALIEN

Nimm dir Zeit für deine Freunde, das ist die Quelle des Glücks.

IRISCHER SEGENSWUNSCH

Es gibt ein gutes Mittel, einen Freund zu gewinnen:
das Lächeln. Ein offenes und freies Lächeln. Lächeln
können, welche Macht! Es gibt mir die Macht, zu
beruhigen, zu lindern, auf andere einzuwirken.

GUY DE LARIGAUDIE

Nichts geschieht, ohne dass ein Traum vorausgeht.

CARL AUGUST SANDBURG

Nicht wie glücklich man
lebt ist entscheidend,
sondern wie beglückend!

CURT GOETZ

Freud und Liebe, wo ihr fehlt, find ich eine Lücke.
An des Lebens Horizont seid ihr Sonnenblicke.

JULIUS LANGBEHN

Die Welt ist ein Meer und unser Herz ist das Ufer.

AUS CHINA

Gestern war mein Tag, heute ist mein Tag und morgen
wird auch mein Tag sein.

LEBENSMOTTO

So viel gibt's, was beglücken kann
und Freude macht entstehen,
es kommt auf Herz und Augen an,
dass sie, was Glück ist, sehen.

JOHANNES TROJAN

Ein Schiff ist im Hafen sicher,
aber für den Hafen ist es nicht geschaffen.

AUS ENGLAND

Zuversicht ist nichts Greifbares,
es ist ein Zustand, in den man
hineinwachsen muss.

MAHATMA GANDHI

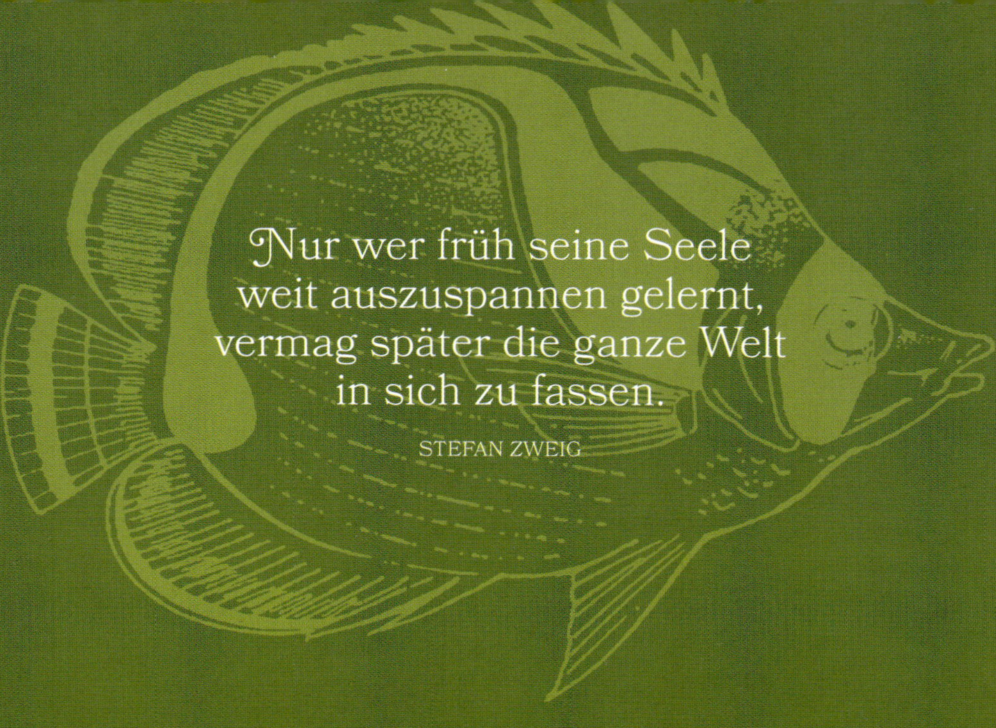

Nur wer früh seine Seele
weit auszuspannen gelernt,
vermag später die ganze Welt
in sich zu fassen.

STEFAN ZWEIG

Freude ist die einfachste Form der Dankbarkeit.

KARL BARTH

Die höchste Form des Glücks ist ein Leben mit einem
gewissen Grad an Verrücktheit.

ERASMUS VON ROTTERDAM

Leben ist, ein Violinkonzert zu geben,
während man Geige spielen lernt.

SAMUEL BUTLER

Leben allein ist nicht genug,
Sonne, Freiheit und eine kleine
Blume braucht man.

HANS CHRISTIAN ANDERSEN

Nur Ruhe in uns selbst lässt uns sorglos zu neuen Ufern treiben.

ADALBERT STIFTER

Ja, ich bin ein Träumer, denn nur Träumer finden
ihren Weg durchs Mondlicht und erleben die
Morgendämmerung, bevor die Welt erwacht.

OSCAR WILDE

Kein Tag hat genug Zeit,
aber jeden Tag sollten wir uns
genug Zeit nehmen.

JOHN DONNE

Das Glück ist kein Ort, zu dem man reisen kann.
Es ist ein Weg, dahinzukommen.

ANONYM

Immer wieder Gelegenheiten finden,
mit Freunden all das zu genießen,
was unser Leben bunt macht.
Viele solche kleinen Inseln des Glücks,
die wünsche ich dir.

ANONYM

Im
Oktober

... die Ruhe genießen

Der Körper ist nur die Form der Seele.

IMMANUEL KANT

Fürchte dich nicht vor dem langsamen Vorwärtsgehen, fürchte dich nur vor dem Stehenbleiben.

AUS CHINA

Im April

... sich Zeit gönnen

Die größte Offenbarung ist die Stille.

LAOTSE

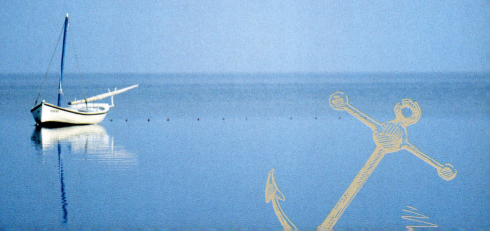

Reisen ist die Sehnsucht nach dem Leben.

KURT TUCHOLSKY

Monde und Jahre vergehen
und sind immer vergangen,
aber ein schöner Moment leuchtet
das ganze Leben hindurch.

FRANZ GRILLPARZER

Wenn du gibst,
gib mit Freude und einem Lächeln.

JOSEPH JOUBERT

Die Zeit ist die Seele der Welt.

AUS GRIECHENLAND

*Auch das ist Kunst, ist Gottes Gabe,
aus ein paar sonnenhellen Tagen
sich so viel Licht ins Herz zu tragen,
dass, wenn der Sommer längst verweht,
das Leuchten immer noch besteht.

JOHANN WOLFGANG VON GOETHE

Der Grund, warum Vögel
fliegen können und wir nicht,
ist der, dass sie voller Zuversicht
sind, und wer zuversichtlich ist,
dem wachsen Flügel.

JAMES MATTHEW BARRIE

Der Erde köstlichster Gewinn
ist frohes Herz und reiner Sinn.

JOHANN GOTTFRIED SEUME

Führe die Straße, die du gehst,
immer nur zu deinem Ziel bergab.
Hab, wenn es kühl wird, warme Gedanken
und den vollen Mond in dunkler Nacht.

IRISCHES VOLKSLIED

Die Augenblicke,
in denen wir innehalten,
sind kostbar.

VOLTAIRE

Wenn dir das Leben Zitronen schenkt,
mach Limonade daraus.

SPRICHWORT

Mögen deine Gedanken manchmal mitten am Tag
auf eine Reise gehen, in ferne Welten eintauchen,
fremd und verlockend, bunt und schön.

IRISCHER SEGENSWUNSCH

Ich habe ein paar Blumen für dich nicht gepflückt,
um dir ihr Leben mitzubringen.

CHRISTIAN MORGENSTERN

Du brauchst nur zu lieben und alles ist Freude.

LEO N. TOLSTOI

Von allen Geschenken, die uns das Schicksal gewährt,
gibt es kein größeres Gut als die Freundschaft –
keinen größeren Reichtum, keine größere Freude.

EPIKUR

Glücklich,
wer noch mit dem Auge
der Sehnsucht sieht.

ROBERT HAMERLING

Des Menschen Wünsche sind sein Himmelreich.

THOMAS MOORE

Wem die Sonne scheint,
der fragt nicht nach den Sternen.

SPRICHWORT

Leben heißt träumen,
weise sein heißt
angenehm träumen.

FRIEDRICH VON SCHILLER

Ein Leben ohne Freuden ist wie eine weite Reise ohne Gasthaus.

DEMOKRIT

Lass dir Zeit.
Es eilig haben bedeutet,
sein Talent zerstören.
Will man die Sonne erreichen,
reicht es nicht aus, impulsiv in
die Höhe zu springen.

PETER USTINOV

Schön ist der Tropen Tau am Halm und nicht zu klein,
der großen Sonne selbst ein Spiegelglas zu sein.

FRIEDRICH RÜCKERT

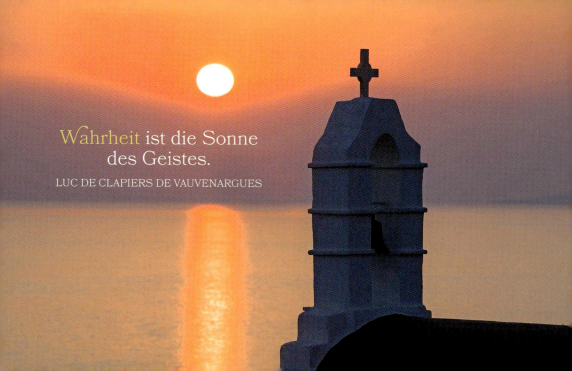

Wahrheit ist die Sonne
des Geistes.

LUC DE CLAPIERS DE VAUVENARGUES

„Beobachte das Schwimmen
der Fische im Wasser und du wirst den
Flug der Vögel in der Luft begreifen.

LEONARDO DA VINCI

Das freie Meer befreit den Geist.

JOHANN WOLFGANG VON GOETHE

Lebe jeden Tag so,
als ob du dein ganzes
Leben lang nur für
diesen einzigen Tag
gelebt hättest.

WASSILI W. ROSANOW

Das Glück ist wie Sonne –
ein wenig Schatten muss sein, wenn's
dem Menschen wohl werden soll.

OTTO LUDWIG

Nur das Herz vollbringt Wunder.

GEORGE SAND

Hier, am Grund des Ozeans,
herrscht die einzige Unabhängigkeit.
Hier bin ich frei.

JULES VERNE

Man muss sich ein bestimmtes Quantum
Zeit gönnen, in dem man nichts tut,
damit einem etwas einfällt.

MORTIMER JEROME ADLER

Es kommt nicht darauf an, dem Leben mehr Jahre zu geben, sondern den Jahren mehr Leben.

ALEXIS CARREL

Der Mensch ist umso reicher,
je mehr Dinge er liegen lassen kann.

HENRY DAVID THOREAU

Wenn du am Morgen erwachst,
denke daran, was für ein köstlicher Schatz es ist,
zu leben, zu atmen und sich freuen zu können.

MARC AUREL

Das Glück im Leben
hängt von guten Gedanken ab,
die man hat.

MARC AUREL

Das Lächeln
ist ein Fenster,
durch das man sieht,
ob das Herz zu
Hause ist.

AUS RUSSLAND

Es gibt kein sichereres Mittel, um festzustellen,
ob man einen Menschen mag oder nicht,
als mit ihm auf Reisen zu gehen.

MARK TWAIN

Nicht der Wind, sondern das Segel bestimmt die Richtung.

AUS CHINA

Wer ins kalte
Wasser springt,
taucht ins Meer der
Möglichkeiten.

AUS FINNLAND

Natur!
Alles ist immer da in ihr.
Vergangenheit und Zukunft kennt sie nicht.
Gegenwart ist ihr Ewigkeit.

GEORG CHRISTOPH TOBLER

Die Welt gehört dem, der sie genießt.

GIACOMO LEOPARDI

Frohsinn ist ein Schwimmgürtel
für den Strom des Lebens.

LUDWIG BÖRNE

Gespräche sind wie Reisen zu Schiff.
Man entfernt sich vom Festland, ehe man es merkt,
und ist schon weit, ehe man merkt,
dass man das Ufer verlassen hat.

NICOLAS CHAMFORT

Habe immer mehr Träume,
als die Realität zerstören kann.

ANONYM

Was ist majestätisch?
Ein Sonnenaufgang über dem Meer.

HEINRICH VON KLEIST

Optimismus ist die Luftblase
in unserem Leben,
die uns vor dem Untergehen bewahrt.

KALENDERSPRUCH

Die Zukunft gehört denen, die an ihre Träume glauben.

ELEANOR ROOSEVELT

Betrachte immer die helle Seite der Dinge!
Und wenn sie keine haben, dann reibe die dunkle, bis sie glänzt.

SPRICHWORT

Wenn der Sommer sich verkündet,
Rosenknospe sich entzündet,
wer mag solches Glück entbehren?

JOHANN WOLFGANG VON GOETHE

Glück ist Wärme, wenn es kalt ist,
Glück ist weißer Meeresstrand,
Glück ist Ruhe, die im Wald ist,
Glück ist eines Freundes Hand.

CLEMENS VON BRENTANO

Beim Betrachten der Natur
werden die Gefühle geboren.

AUS JAPAN

Jeder Tauchgang ist eine Reise in ein
unvorstellbares Reich – so weit von unserem
Arbeitszimmer im Dachgeschoss entfernt
wie die äußeren Ränder unserer Galaxie.

LOUISE SOUSTELLE

Düfte sind die Gefühle der Blumen.

HEINRICH HEINE

Während ich mich an einem schwülen Tag
auf den trägen Wassern des Sees treiben lasse,
höre ich fast auf zu leben und fange an zu sein.

HENRY DAVID THOREAU

Freude ist unsäglich mehr als Glück,
Glück bricht über die Menschen herein,
Glück ist Schicksal –
Freude bringen sie in sich zum Blühen,
Freude ist einfach eine gute Jahreszeit
über dem Herzen;
Freude ist das Äußerste, was die Menschen
in ihrer Macht haben.

RAINER MARIA RILKE

Das beste Mittel, jeden Tag gut zu beginnen, ist, beim Erwachen daran zu denken, ob man nicht wenigstens einem Menschen an diesem Tag eine Freude machen könnte.

FRIEDRICH NIETZSCHE

Eines Tages will ich über mein Leben sagen können:
Es war nicht langweilig.
Und vieles davon bringt mich zum Lachen.

KIEFER SUTHERLAND

Ach, spricht er,
die größte Freud ist doch
die Zufriedenheit.

WILHELM BUSCH

Wenn ich im Meer tauche,
würde ich am liebsten unten bleiben,
die Ruhe, das Wohlbefinden,
kein Wunsch, je wieder zu atmen!
Ich werde eins mit dem Ozean.

UMBERTO PELIZZARI

Im September

... Atem holen

Weisheit ist Harmonie.

NOVALIS

Begeistere dich für das Leben.
Das bloße Gefühl zu leben ist Freude genug.

EMILY DICKINSON

Im Mai

... alle Fünfe gerade sein lassen

Die wahre Lebenskunst
besteht darin, im Alltäglichen
das Wunderbare zu sehen.

PEARL S. BUCK

Menschen zu finden, die mit uns fühlen und empfinden,
ist wohl das schönste Glück auf Erden.

CARL SPITTELER

Was man schon
hätte vorgestern tun
sollen, hat auch bis
übermorgen Zeit.

AUS SPANIEN

Es gibt Quellen der Freude,
die nie versiegen: die Schönheit der Natur,
der Tiere, der Menschen, die nie aufhört.

LEO N. TOLSTOI

Man hat gesagt, dass die Schönheit
ein Versprechen von Glück ist.
Umgekehrt kann auch die Möglichkeit der Freude
der Beginn von Schönheit sein.

MARCEL PROUST

Das schönste Geräusch ist die Stille.

ANONYM

Was der Sonnenschein
für die Blumen ist, das
sind lachende Gesichter
für die Menschen.

JOSEPH ADDISON

Blumen sind das Lächeln der Erde.

RALPH WALDO EMERSON

Die weitesten Reisen
unternimmt man
mit dem Kopf.

JOSEPH CONRAD

Im Herzen des Wirbelsturms,
der den Himmel zerreißt,
befindet sich ein Ort zentraler Ruhe.

EDWIN MARKHAM

Ich meine fast,
wenn ich mir mit der Seele
etwas innig wünsche,
dann erfüllt das Leben mir
solche Wünsche gerne.

ARTHUR RUBINSTEIN

Überall ist Wunderland.
Überall ist Leben.

JOACHIM RINGELNATZ

*Ich wünsche dir immer einen heiteren Himmel über allem, was du gerne tust, über den Dingen, die du liebst.

IRISCHER SEGENSWUNSCH

Humor ist der
Sonnenschein
des Geistes.

EDWARD BULWER-LYTTON

Das Schönste, was es in der Welt gibt,
ist ein leuchtendes Gesicht.

ALBERT EINSTEIN

Kein Mensch auf Erden hat mir
so viel Freude gemacht als die Natur
mit ihren Farben, Klängen, Düften, mit ihrem
Frieden und ihren Stimmungen.

PETER ROSEGGER

Das Glück des Menschenherzens ist das Licht,
das weder Ozean noch die Weltteile alle
jemals gesehen: die menschliche Liebe.

ARTHUR VON LÜTTWITZ

Glück ist, wenn man den Kurs selbst bestimmen kann.

LEONORE BERGMANN

Denken ist die Arbeit des Intellekts,
Träumen sein Vergnügen.

VICTOR HUGO

Den Puls des eigenen Herzens fühlen. Ruhe im Innern,
Ruhe im Äußern. Wieder Atem holen lernen, das ist es.

CHRISTIAN MORGENSTERN

Ich wünsche jedem ein trautes Plätzchen,
wo er dann und wann die ganze Welt vergessen kann.

JULIUS FREUND

Der kürzeste Weg zwischen zwei Menschen
ist ein Lächeln.

AUS CHINA

Es scheint mir, dass man von Ort und Landschaft abhängt in Stimmung, Leidenschaft, Geschmack, Gefühl und Geist.

JEAN DE LA BRUYÈRE

Ich mag die Träume der Zukunft lieber
als die ganze Geschichte der Vergangenheit.

THOMAS JEFFERSON

Je freier man atmet, desto mehr lebt man.

THEODOR FONTANE

Das Herz gibt allem, was der Mensch sieht und hört und weiß, die Farbe.

JOHANN HEINRICH PESTALOZZI

Die Zeit ist die wichtigste Zutat im Rezept des Lebens.

CHARLES DARWIN

Der Weg zu allem Großen
geht durch die Stille.

FRIEDRICH NIETZSCHE

Wer Pausen macht,
hat mehr vom Leben.

ANONYM

Das Lachen ist ein leichtes
silbernes Glöckchen,
das uns ein guter Engel
mit auf den Lebensweg
gegeben hat.

JOSEPH ROTH

Lustige Leute begehen mehr Torheiten als traurige, aber Traurige begehen größere.

EWALD CHRISTIAN VON KLEIST

Drei Dinge sind uns aus dem Paradies geblieben:
Sterne, Blumen und Kinder.

DANTE ALIGHIERI

Die Welt ist eine
optimistische Schöpfung.
Beweis:
Alle Vögel singen in Dur.

JEAN GIONO

Schönheit ist empfundener Rhythmus. Rhythmus der Wellen, durch die uns alles Außen vermittelt wird.

CHRISTIAN MORGENSTERN

Die Aufmerksamkeit ist das Gedächtnis des Herzens.

AUS FRANKREICH

Sonnenschein ist köstlich, Regen erfrischt,
Wind kräftigt, Schnee erheitert.
Es gibt kein schlechtes Wetter, es gibt nur
verschiedene Arten von gutem.

JOHN RUSKIN

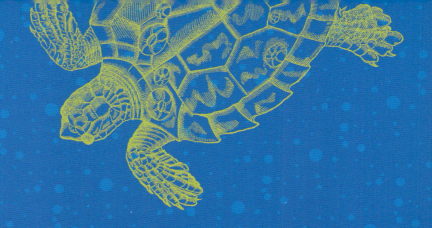

Fröhliche Menschen sind nicht bloß glückliche, sondern in der Regel auch gute Menschen.

KARL JULIUS WEBER

Man kann vieles unbewusst wissen, indem man es nur fühlt, aber nicht weiß.

FJODOR DOSTOJEWSKI

Achte auf deine Gedanken!
Sie sind der Anfang
deiner Taten.

AUS CHINA

Was wir
durch Liebe
erlangen, kann
uns niemand
mehr nehmen.

ANONYM

Wie anziehend, wie fesselnd sind doch Meer und Strand!
Wie verliert man sich in ihrer Einfachheit, ja, in ihrer Leere.

WALT WHITMAN

Zuerst im stillsten Raum entsprungen,
das Lied erklingt von Ort zu Ort:
Wie es in Seel' und Geist erklungen,
so hallt's nach allen Zeiten fort.

JOHANN WOLFGANG VON GOETHE

Das wichtigste Gefühl beim Tauchen
ist eine Art Andacht. Das Motto muss sein:
Genieße, nimm daran teil,
aber greife nicht ein, zerstöre nicht.

HANS HASS

Aus der Stille werden die wahrhaft großen Dinge geboren.

THOMAS CARLYLE

Was du liebst, lass frei. Kommt es zu dir zurück,
gehört es dir – für immer.

KONFUZIUS

Nichts in der Welt ist so ansteckend wie Lachen
und gute Laune.

CHARLES DICKENS

Man sollte Anteil nehmen an der Freude, der Schönheit,
der Farbigkeit des Lebens.

OSCAR WILDE

Meeresstille! Aus den Wellen
taucht hervor ein kluges Fischlein,
wärmt das Köpfchen in der Sonne,
plätschert lustig mit dem Schwänzchen.

HEINRICH HEINE

In 20 Jahren wirst du mehr enttäuscht sein
über die Dinge, die du nicht getan hast,
als über die Dinge, die du getan hast. Also löse
die Knoten, laufe aus dem sicheren Hafen.
Erfasse die Passatwinde mit deinen Segeln.
Erforsche. Träume.

MARK TWAIN

Man muss immer etwas haben, worauf man sich freut.

EDUARD MÖRIKE

Verschiebe nicht auf morgen,
was genauso gut auf übermorgen
verschoben werden kann.

MARK TWAIN

Wenn du jemanden ohne Lächeln siehst, gib ihm deines.

AUS BURMA

Die Sonne scheint für dich – deinetwegen.

SØREN KIERKEGAARD

Man kann einen seligen, seligsten Tag haben,
ohne etwas anderes dazu zu gebrauchen,
als blauen Himmel und grüne Erde.

JEAN PAUL

Drum frisch hinein und mit frohem Mute!
Mit Sorgen und Tränen kommt man nicht weit;
und wenn man das Rechte will und das Gute,
gelingt's am besten mit Fröhlichkeit.

THEODOR KÖRNER

Freude lässt sich nur voll auskosten,
wenn sich ein anderer mitfreut.

MARK TWAIN

Wo immer du hingehst,
hat der Himmel
dieselbe Farbe.

AUS PERSIEN

Zeit ist Leben, und Leben ist Zeit.

SPRICHWORT

Die großen Gedanken kommen aus dem Herzen.

LUC DE CLAPIERS DE VAUVENARGUES

Ich wünsche dir, dass du liebst, als hätte dich noch nie jemand verletzt, dass du tanzt, als würde keiner hinschauen, dass du singst, als würde keiner zuhören, dass du lebst, als wäre das Paradies auf Erden.

IRISCHER SEGENSWUNSCH

Die besten und die schönsten Dinge auf der Welt
kann man weder sehen noch hören.
Man muss sie mit dem Herzen fühlen.

HELEN KELLER

Man kann viel, wenn man sich nur recht viel zutraut.

ALEXANDER VON HUMBOLDT

Wer so lebt,
dass er mit Vergnügen
auf sein vergangenes Leben
zurückblicken kann,
lebt zweimal.

ANONYM

Das Leben ist eine Reise. Nimm nicht zu viel Gepäck mit.

BILLY IDOL

Das Glück
erkennt man nicht
mit dem Kopf, sondern
mit dem Herzen.

AUS NORWEGEN

Es gibt eine Stille,
in der man meint, man müsse
die einzelnen Minuten hören,
wie sie in den Ozean der Ewigkeit
hinuntertropfen.

ADALBERT STIFTER

Säe ein Samenkorn in die Erde,
und sie wird dir eine Blume hervorbringen.
Träume deinen Traum zum Himmel,
und er wird dir die Liebe bringen.

KHALIL GIBRAN

Die Natur allein ist unendlich reich
und bildet den großen Künstler.

JOHANN WOLFGANG VON GOETHE

Im
August

... die Seele baumeln lassen

Wende dich ab von den Sorgen,
überlass alle Dinge dem Schicksal;
freu dich des Guten, das heute dir lacht,
und vergiss darüber alles Vergangene.

AUS 1001 NACHT

Wenn auch die Freude eilig ist,
so geht doch vor ihr eine lange
Hoffnung her und ihr folgt eine
längere Erinnerung nach.

JEAN PAUL

Im
Juni

... Sonne tanken

Die Stille
ist eine große Kunst
der Unterhaltung.

EDWARD GIBBON

In Träumen, Spiegeln und im Wasser
trifft man den Himmel und die Erde.

AUS CHINA

Alles Schöne, alles Gute,
alles Glück auf dieser Welt;
bleib gesund und bleibe fröhlich,
tue das, was dir gefällt.

POESIEALBUMSPRUCH

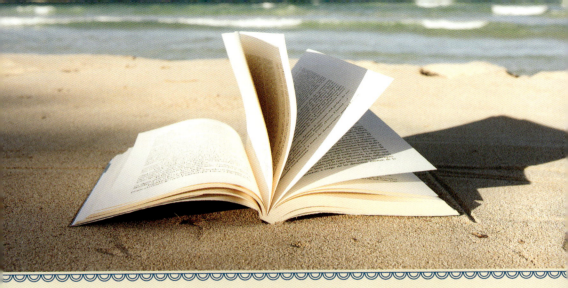

Ich habe überall Ruhe gesucht und sie am Ende in einem
Winkel bei einem kleinen Buch gefunden.

FRANZ VON SALES

Es ist schön, den Augen dessen zu begegnen,
den man soeben beschenkt hat.

JEAN DE LA BRUYÈRE

Gleich von unbegrenztem Sehnen,
wie entfernt von träger Ruh,
müsse sich mein Leben dehnen,
wie ein Strom dem Meere zu.

FRIEDRICH RÜCKERT

Und das sind die Wünsche:
leise Dialoge täglicher
Stunden mit der Ewigkeit.

RAINER MARIA RILKE

Es ist schön, zu leben, weil leben anfangen ist,
immer, in jedem Augenblick.

CESARE PAVESE

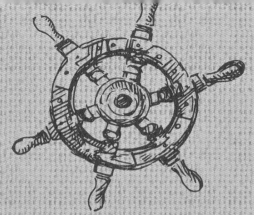

Wenn du vergnügt sein willst,
umgib dich mit Freunden.
Wenn du aber glücklich sein willst,
umgib dich mit Blumen.

AUS CHINA

Ja, man kann sagen, fast überall, wo es Glück gibt,
gibt es Freude am Unsinn.

FRIEDRICH NIETZSCHE

Das schönste Geschenk,
das man einem Menschen machen kann,
ist aufrichtige Zuwendung.

AUS ARABIEN

Mit dem Leben ist es
wie mit einem Theaterstück;
es kommt nicht darauf an, wie lang es ist,
sondern wie bunt.

LUCIUS ANNAEUS SENECA

Wer Freude genießen will, muss sie teilen.
Das Glück wurde als Zwilling geboren.

LORD BYRON

Tagträume sind nicht verlorene Zeit,
sondern ein Auftanken der Seele.

AUS ENGLAND

Frohes Gemüt kann Schnee in Feuer verwandeln.

AUS SPANIEN

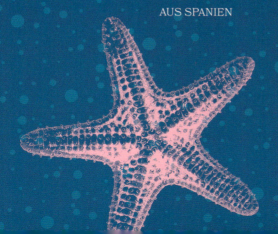

Hoffnung ist die einzige Biene, die Honig ohne Blumen herzustellen vermag.

ROBERT GREEN INGERSOLL

Wenn man die Natur wahrhaft liebt,
so findet man es überall schön.

VINCENT VAN GOGH

Das Leben besteht
aus vielen kleinen Münzen,
und wer sie aufzuheben weiß,
hat ein Vermögen.

JEAN ANOUILH

Glück sollte nicht zu leicht und nicht zu schwer zu erringen sein.

GIACOMO CASANOVA

Die Welt ist mit so vielen Dingen gefüllt,
dass wir alle glücklich wie Könige sein sollten.

ROBERT LOUIS STEVENSON

Man muss über die Freuden des Lebens
nicht viel reflektieren. Man genießt sie besser,
ohne sie zu zählen oder zu zergliedern.

JEAN PAUL

Pass dich dem Schritt
der Natur an:
Ihr Geheimnis heißt
Geduld.

RALPH WALDO EMERSON

Sehne dich und wandere.

HEINRICH FRIEDRICH KARL VOM UND ZUM STEIN

Ein Traum, der nicht gedeutet wird,
gleicht einem nicht gelesenen Brief.

AUS SYRIEN

Wir sollten wieder lernen, aus der Freizeit Muße zu machen.

OTTO FLAKE

Je intensiver wir leben,
umso mehr strahlen wir Lebensfreude aus.

JOHANNES PETER MÜLLER

Menschen kommen
durch nichts den Göttern näher,
als wenn sie Menschen
glücklich machen.

MARCUS TULLIUS CICERO

Versuche stets, ein Stückchen Himmel
über deinem Leben freizuhalten.

MARCEL PROUST

Das Leben ist eine große Leinwand,
bemale sie so bunt du kannst.

DANNY KAYE

Dem Freudigen erwächst Heiterkeit.
Dem im Geist Heiteren kommt der Körper zur Ruhe.
Der im Körper Ruhige fühlt Glückseligkeit.
Dem Glückseligen ordnet sich das Denken.

SIDDHARTA GAUTAMA BUDDHA

Der Sommer
macht den Menschen
zum Träumer.

PAUL KELLER

Jede Minute, die man lacht,
verlängert das Leben um eine Stunde.

AUS CHINA

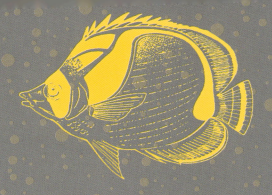

Liebe bleibt die goldne Leiter,
drauf das Herz zum Himmel steigt.

EMANUEL GEIBEL

Wenn ein fröhliches Herz fehlt,
was hilft uns dann der Reichtum der Welt?

J. N. SAILER

Träumereien sind der Mondschein der Gedanken.

JULES RENARD

Auch durch ein Nadelöhr
kann man den Himmel sehen.

AUS JAPAN

Mit den Landschaften ist es wie mit den Blumen:
Jede fremde dünkt uns als die schönste.

MICHEL DE MONTAIGNE

Die Welt um uns ist so bunt und lebendig,
wie wir sie machen.

P. H. STEVENS

Fantasie ist wichtiger als Wissen.
Wissen ist begrenzt,
Fantasie aber umfasst die ganze Welt.

ALBERT EINSTEIN

Wo ein Herz ist,
da ist auch Glück.

AUS POLEN

Das Glücksgefühl ist in der Seele zuhause.

DEMOKRIT

Humor ist eines der besten Kleidungsstücke, die man in Gesellschaft tragen kann.

WILLIAM SHAKESPEARE

Wir werden geformt
und gestaltet durch das,
was wir lieben.

JOHANN WOLFGANG VON GOETHE

Die Hoffnung ist
ein Vorschuss auf das
zukünftige Glück.

ANTOINE DE RIVARÓL

Unsere Sehnsüchte sind unsere Möglichkeiten.

ROBERT BROWNING

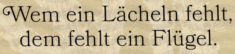

Wem ein Lächeln fehlt,
dem fehlt ein Flügel.

TRUMAN CAPOTE

Lache das Leben an,
vielleicht lacht es wider.

JEAN PAUL

Willst du einen Traum verwirklichen, dann erwache.

RUDYARD KIPLING

Frohsinn und Zufriedenheit
sind große Verschönerer und berühmte Pfleger
von jugendlichem Aussehen.

CHARLES DICKENS

Im Juli

... Träume verwirklichen

Es ist aber Naturgesetz,
dass das Herz nicht ruht,
bis es ans Ziel seiner Wünsche
gelangt ist.

FRANCESCO PETRARCA

Ruhe ist Glück, wenn sie ein Ausruhen ist.

LUDWIG BÖRNE

Ein fröhliches Herz macht ein fröhliches Angesicht.

AUS DER BIBEL